Werner Ch. Jungwirth

Von Tieren und Menschen

Werner Ch. Jungwirth

Von Tieren und Menschen

Rediroma-Verlag

Bibliografische Information der Deutschen Nationalbibliothek:
Die Deutsche Nationalbibliothek verzeichnet diese Publikation in der Deutschen Nationalbibliografie; detaillierte bibliografische Daten sind im Internet über http://portal.dnb.de abrufbar.

Hinweis: Der Inhalt mancher Gedichte in diesem Buch erhebt nicht den Anspruch, auf einer Idee des Autors zu basieren.

ISBN 978-3-98885-318-9

www.rediroma-verlag.de
11,95 Euro (D)

Inhalt

TIERGESCHICHTEN

Der Hund

Ein Mann, der spielt mit seinem Hund
in einem Park sehr angeregt,
sie spielen Schach, man glaubt es kaum,
mit Hingabe und sehr gepflegt.

Kommt ein Passant daran vorbei,
bleibt steh'n und schaut den beiden zu,
er kann's nicht fassen, dass ein Hund –
zum Kuckuck – fähig ist hierzu.

Er sagt zum Mann: „Ein kluger Hund!“
Doch dieser antwortet im Nu:
„Besonders klug ist der ja nicht,
denn er verliert doch immerzu!“

17. Feb. 2024

Die Katze

Ein Mann bekommt Besuch vom Freund,
denn dieser kommt sehr gern vorbei,
sie reden dies und reden das,
und auch die Katze ist dabei.

Der Freund, er sagt, „da fehlt mir was,
hatt'st du nicht einen Papagei?"
„Oh ja", sagt drauf der Mann sogleich;
auf einmal kommt die Katz' vorbei.

Sie redet mit, der Freund erschrickt,
sie sagt: „Der Vogel ist schon weg,
und er kommt sicher nimmermehr,
ich brachte gestern ihn ums Eck."

Der Freund versteht nicht, wundert sich,
dass diese Katz' auf einmal spricht.
Er fragt den Mann, ob er denn gibt
der Katze Redeunterricht?

„Oh nein", sagt der, „so ist es nicht,
das Schicksal nahm halt seinen Lauf,
der Papagei, der war sehr frech,
da fraß die Katz' ihn gestern auf!"

17. Feb. 2024

Der Esel

Ein Esel arbeitet' sehr schwer -
der Müller kannte kein Pardon -
er schleppte Säcke Tag für Tag
für einen kargen Futterlohn.

So ging es hin tagaus, tagein,
er trug, und war es noch so schwer,
das, was der Müller hat verlangt,
und konnte eines Tag's nicht mehr.

An einem Sonntag hatt' er frei,
endlich ein Ruhetag für ihn;
er suchte seinesgleichen auf
und traf dann eine Eselin.

Und dieser klagte er sein Los,
er tat ihr leid, denn ihr ging's gut,
da hatte sie eine Idee;
dies umzusetzen brauchte Mut.

Sie sagte: „Schreib doch einen Brief
an unseren Tierschutzverein!“
Der Esel überlegte kurz
und sagt' am Ende aber „Nein!“.

Die Eselin versteht das nicht,
und darauf mußt' er's ihr erklär'n.
Er sagt: „Die Arbeit wird dann immer mehr,
du kennst nicht meinen strengen Herrn,
denn, weiß er, dass ich schreiben kann
und lesen sicher auch demnach,
verlangt er sicher, dass ich den
Papierkram statt ihm auch noch mach'!"

18. Feb. 2024

Drei Affen

Drei Affen unterhalten sich
darüber, was sie wär'n so gern.
Ein jeder äußert seinen Wunsch,
das Affe-sein liegt ihnen fern.

Der Erste will ein Löwe sein
und König aller Tiere dann,
der Zweite wär' ein Adler gern,
dass Löwe ihn nicht fangen kann.
Er würde schweben über ihm,
der Löwe könnte ihm nichts tun,
er flög' so hoch, wie er nur könnt',
nicht knapp am Boden wie ein Huhn.

Der dritte Affe sagt dazu:
„Ich möcht' ein schöner Jüngling sein,
dass alle Mädchen mich begehr'n,
eine davon würd' ich dann frei'n."

Die andern beiden meinen drauf:
„Wenn du das tust, dann gib gut acht,
dass deine Frau in kurzer Zeit
dich nicht wieder zum Affen macht!"

21. April 2024

Schweine

Zwei Schweine trafen einen Eber,
das eine Schwein grüßt freundlich ihn,
das andre schweigt, schaut auf den Boden
und möcht' am liebsten vor ihm flieh'n.

So geh'n sie weiter ihren Weg,
und beide schweigen angespannt,
die erste dachte sich: Na, wenn schon,
sie hat ihn sicher nicht gekannt.

Und dann erzählte sie von ihm,
die zweite hört ihr gar nicht zu,
sie schweigt sich weiterhin nur aus,
will wissen nichts von dem Filou.

Doch schließlich öffnet sie ihr Herz,
erzählt, dass sie ihn sehr wohl kennt.
Da wundert sich die Erste dann,
warum sie dann so virulent?

Drauf sagt die zweite: „Hab 'nen Grund,
ihn nicht zu grüßen, mag ihn nicht",
denn dieser Eber zeigte ihr
schon mal sein wahres Schweinsgesicht.

„Erzähl', was ist dir denn gescheh'n,
hat er dich schlecht behandelt gar?" –
Die Zweite packte schließlich aus:
„Ich sag dir jetzt, was gestern war.

Er schikanierte mich so sehr,
als sei ich seine eig'ne Frau.
Mit einem Wort: Das Eberschwein,
er machte mich brutal zur Sau!"

20. April 2024

Zwei Schnecken

Zwei Schnecken steh’n am Straßenrand,
die Schneckenmutter war’s mit Sohn,
der Junge wollt’ die Straße quer’n
und setzt sich in Bewegung schon.

Und eh’ die Mutter sich’s versah,
war sie sogleich total entsetzt,
denn dieser Bub war schon weit weg,
fünf Millimeter war’n’s bis jetzt.

In dieser Gegend fährt ja kaum
ein Auto, selten mal ein Bus,
doch trotzdem kann’s gefährlich sein,
wenn man die Straße queren muss.

Drum ruft die Mutter ihrem Sohn
nach, vorsichtig zu sein,
doch seine Schleimspur war schon lang,
die Mutter holt’ ihn nicht mehr ein.

Sie hofft noch, dass kein Regen kommt
und er sich dann im Haus verkriecht,
denn dann könnt’ er nicht weitergeh’n,
was seine Reise unterbricht.

Der Sohn erwidert daraufhin,
‘nen Freund er doch besuchen will,
und er kriecht weiter auf dem Weg,
denn auf der Straße war’s ganz still.

Doch seine Mutter sorgte sich –
den Busfahrplan, den kennt sie gut -
ruft noch ein zweites Mal ihm nach,
denn sie kennt seinen Übermut.

Und deshalb ruft eindringlich sie:
„Du musst dich sputen, Filius,
denn in zwei Stunden kommt ja schon
am heut'gen Tag der nächste Bus!“

20. April 2024

Die Hasen

Wo kommen denn wir Hasen her?
Das wollten kleine Häschen wissen.
Fragten die Mutter also drauf,
und diese kiefelt dran verbissen.

Dass man dazu den Hasenvater
auch braucht, das hatte sie verschwiegen,
denn ihre Kinder waren klein noch
und sollten davon nichts mitkriegen.

Sie grübelt, denn was sollt' sie sagen
den Kleinen, die grad fraßen Klee,
doch plötzlich, wie aus heit'rem Himmel,
kommt ihr die rettende Idee:

„Ein Zauberer, erinnert euch doch
an den Zylinder, den er hat
dort auf der Bühne, auf dem Tische
für's Zauberkunststück stets parat.
Er zieht ja aus seinem Zylinder
stets Hasen heraus, immer mehr,
wenn ihr gut zugeschaut habt, wisst ihr,
von dort kommen wir Hasen her!"

19. April 2024

Elefanten und Mäuse

Elf Elefanten und elf Mäuse,
sie liefern sich ein Fußballspiel,
die Elefanten haben Anstoß
und operieren sehr subtil.

Sie nehmen Rücksicht auf die Mäuse,
und sie verhalten sich ganz fair,
die Mäuse aber legten los
gleich mit Vehemenz und Gegenwehr.

Sie flitzten durch der Großen Beine
und störten ganz bewusst daher
die Spielweise der Elefanten,
bis die sich wehrten folgenschwer.

Denn in der Hitze des Gefechtes
tritt einer auf ‘ne kleine Maus,
sodass diese darauf verschwunden
im Gras, nur mehr der Kopf schaut raus.

Der Elefant entschuldigt gleich sich,
denn das war seine Absicht nicht,
aber die Maus war gar nicht böse
auf dieses graue Schwergewicht.

Sie sagte: „Keine Ursache,
das kommt schon vor beim Duellier’n,
denn schließlich könnt’ dasselbe mir
im umgekehrten Fall passier’n!“

19. April 2024

DIVERSE REIMFORMEN

Verschränkter Reim

Scherzo

Ich wandte mich ans deutsche Land
und bot Gedichte ‘nem Verlag,
Verleger meldet’ sich bei mir
sehr schnell, muss sagen: allerhand.

Er schickt ein Buch mir, wie charmant,
ich krieg’ es kostenlos von ihm,
einen Gedichtband wollte ich
mit Reimen, welche amüsant.

Ich halte ihn dann au courant,
damit er sehen kann mein Werk,
bemüh’ mich sehr beim Reimen dann,
versuch’ zu schreiben elegant.

Er fand die Verse int’ressant,
worauf er schickt’ ein Angebot,
und ich muss sagen, dieses war
finanziell geseh’n kulant.

Drum schreib’ ich weiter jetzt konstant,
so, wie ich es schon immer tat,
entwickle neu Reimideen,
Verleger meinte: imposant!!!

31. Jänner 2024

Heterogener Kreuzreim

Die Galle

„Die rechte Seite tut mir weh',
das sagt ein Mann zu seinem Doc.
„Es wird ein Nerv ganz sicher sein",
meint dieser weiter dann ad hoc.

Der Arzt, der untersucht ihn gleich
und sagt zu ihm: „Mit einem Wort,
sie haben Steine, mehrere,
hör'n sie zu saufen auf sofort!"

Er redet ins Gewissen ihm,
der Patient hört gar nicht zu,
denn er weiß besser, was zu tun
ist und erklärt dem Doc im Nu:

„Ich geb' das Saufen niemals auf,
ich hör' nicht auf damit, nein, nein,
ganz sicher sauf' ich weiterhin,
denn: Steter Tropfen höhlt den Stein!"

27. Feb. 2024

Paarreim

Lauras Konzertauftritt

Laura streicht die Geige heut'
vor gut mehr als hundert Leut',
sie spielt schön mit hellem Klang
und sie zieht den Bogen lang.

Susi, ihre Lehrerin,
eine Tastentigerin,
spielt dazu auf dem Klavier
in bestechender Manier.

Lauris Papi ist auch da,
leider nicht die Frau Mama.
Als das Stück dann schließlich aus,
gibt es donnernden Applaus!

Und weil sie so schön gegeigt,
auch sich höflich hat verneigt,
kriegt sie – weil es heut' so heiß –
ein ganz riesengroßes Eis.

Die Moral von der Geschicht'
steht am Ende vom Gedicht:
Übt man fleißig wie gewohnt,
wird am Schluss man auch belohnt!

22. Juni 2005

Kreuzreim

Jakob Auer oder der Sinn des Lebens

Jakob Auer ist mein Name,
fahr so gerne mit dem Rad,
und ich liebe eine Dame,
die ‘nen lieben Opi hat.

Doch der Opi, dieser Schlingel,
kreuzt die Straße, wie er will,
ich betätig’ meine Klingel,
doch der Alte steht nicht still.

So hab’ ich mich nun entschlossen:
Rad fahr’n nur mehr in der Stadt!
Doch auch dort gibt es Genossen,
die mich schneiden akkurat.

Dass ich manches transportiere
macht mir einen Riesenspaß,
ich kutschier’ verschied’ne Tiere
quer durch Wien. Sag, weißt du das?

Mäuse oder Elefanten
sitzen auf dem Rad bei mir;
fahr’ auch gerne fette Tanten,
manchmal auch einen Vampir.

Ja, dies ist mein Lebensinhalt,
viele fahr'n ja Auto nur,
und ist manchmal es auch nasskalt,
ich fühl' keine Temp'ratur.

Und so friste ich mein Dasein,
glücklich bin ich trotz der Plag',
wichtig ist mir nur mein Häslein,
Laura heißt sie, die mich mag!

6. Dez. 2014

Haufenreim

Pianist mit Souffleur

Herr KLAVIERRAT – welch’ Malheur –
braucht zum Spiel’n einen Souffleur,
ist ein blut’ger Amateur,
trotzdem ist er ein Poseur –
draußen wartet sein Chauffeur –
spielt wie ein Klavier-Monteur,
und er braucht auch ‘nen Friseur,
wirkt wie ein Provokateur,
sieht im Saal ‘nen Redakteur,
führt sich auf wie ein Dompteur,
ein drittklassiger Jongleur,
fühlt sich wie ein Grandseigneur,
bräuchte einen Regisseur,
denn der windige Akteur
ist sein eig’ner Saboteur!

29. März 2024

Kettenreim / Terzinenreim

Vier Tiere

Vier Tiere braucht ‘ne Frau im Leben,
zuerst ‘nen Nerz im Kleiderschrank,
der würd’ ihr Selbstbewusstsein heben.

Tier Nummer zwei: ‘nen Hengst im Bett,
denn das erwartet sie vom Mann.
Die Hälfte wär’ damit komplett.

‘nen Jaguar dann vor der Türe,
das wär’ der „Tiere“ Nummer drei,
voll Stolz sie durch die Stadt dann führe.

„Tier“ vier, man kann sich’s ja ausmalen,
ein alter Esel wäre das,
denn dieser müsst’ all das bezahlen!

8. April 2024

Sonett

Die Kelten

Völker in der Eisenzeit,
aber auch im Altertum,
kamen sie sehr viel herum,
weitverzweigt und himmelweit.

Ja, die Kelten waren das,
man weiß von Hallstatt-Kultur,
es war wie ‘ne Signatur
dieses Keltischen, en masse.

Die Laténe-Kultur kam auf,
wo die Sprache Keltisch war,
Kelten waren stolz darauf.

Flussnamen erfanden sie,
König Artus’ Lebenslauf,
wer sie kennt, vergisst sie nie!

28. Dez. 2023

Umarmender Reim

Ehemann in Sorge

Vor Sorge grün war im Gesicht
ein Ehemann an einem Tag,
weil er es eben gar nicht mag,
erfüll'n zu müssen seine Pflicht.

Er trifft 'nen Freund, der ihn drauf fragt:
„Zum Kuckuck, was ist los mit dir,
bist souverän sonst, sag es mir!" –
Der Ehemann ist ganz verzagt.

„Ich sorge mich um meine Frau."
Der Freund fragt: „Ja, was hat sie denn,
was ist denn bloß mit ihr gescheh'n,
geh', sag's mir bitte ganz genau!"

„Als meine Pflicht seh' ich es an,
mit meiner Frau alles zu teil'n,
auch wenn's mir z'wider ist bisweil'n,
hab' ich es wieder mal getan.

Das, was sie hat, willst wissen du?
Nun, ich verrate es dir jetzt,
nachdem sie mir so zugesetzt:
Das Auto!!! Und ich keine Ruh'!"

8. April 2024

Schweifreim

Der Geiger und die Löwen

Afrika, reich an Savannen,
lockt' einen Musiker von dannen,
er packt' auch seine Geige ein.
Dort war er endlich angekommen,
man hieß ihn herzlich hier willkommen –
ein wahrer Ort zum glücklich sein.

Und schließlich schon am nächsten Tage –
er hatt' es eilig, keine Frage –
brach er in das Gelände auf.
Unter 'nem Baum macht' er dann Pause
und delektiert sich an 'nem Schmause,
da stoppt' ein Löwe seinen Lauf.

Die Angst fährt ihm gleich in die Glieder,
er hofft und betet immer wieder:
Der Löwe mög' verziehen sich.
Kramt' raus die Geige, die verwaiste,
und dieser Satz entstand im Geiste:
Spiel gleich ein Requiem für mich!

Doch jener Löwe legt sich nieder,
er spitzt die Ohren ob der Lieder
und schnurrt zufrieden, katzengleich.
Brüllt' dann kurz auf, als wollt' er danken,
hob winkend eine seiner Pranken
und lief davon – ins Löwenreich.

Kurz drauf kommt plötzlich wieder einer,
er wirkt gefährlich und gemeiner,
doch legt auch er sich friedlich hin.
Des Mannes Angst, die war verflogen,
er zückt' die Geige und den Bogen,
streicht flott die Fidel (Fiedel) daraufhin.

Am Baume droben sitzen Affen,
die int'ressiert hinuntergaffen,
denn auch ein dritter zeigt sich dann.
Der Zweite war ja schon gegangen,
auch ihn nahm die Musik gefangen,
er macht' gemächlich sich davon.

Jetzt spielt der Geiger für den dritten –
er ist vergnügt, ganz unbestritten,
und legt noch ein Da Capo drauf. –
Der Leu jedoch fackelt nicht lange,
'nen Prankenhieb gibts auf die Wange,
dann frisst den Mann er schließlich auf.

Am Baum die Affen diskutieren,
lassen sich kein'sfalls echauffieren
und sagen schließlich mit Verlaub:
Wir Affen wussten es indessen,
der Löwe würd' den Geiger fressen,
denn dieser Löwe, der ist taub!!

30. März 2024

BEDEUTENDE FRAUEN

Hildegard von Bingen

Vor 1000 Jahr'n wurd' sie geboren
und Hildegard wurd' sie genannt,
sie stammte aus dem Adelsstand
und ward zur Nonne auserkoren.

Ein Kloster war gleich in der Nähe,
achtjährig trat sie dort nun ein,
da blieb sie dann jahraus, jahrein,
auf dass es ihr dort wohl ergehe.

Dort lebten Mönche und auch Nonnen,
Erziehung war besonders streng,
war'n ihrem Gotte eingedenk
und ihm daher auch wohlgesonnen.

Obwohl die Mönche dominierten,
hatten auch Frau'n ihren Bereich,
als Gruppe war'n sie Mönchen gleich,
wovon sie auch dann profitierten.

Heran wuchs Hilde mit den Jahren,
die Nonnen hatten sie sehr gern,
das äußerte sich insofern:
Sie wurd' Äbtissin, wohlerfahren.

Mit 50, da verließ spontan sie
das alte Kloster, sie ging fort
und gründet' an 'nem andern Ort
ein neues dann als dernier cri. –

Sie hatt' als Kind schon Visionen,
sieht etwas, das sie selbst nur sah,
so ähnlich wie in Fatima,
Gott wollte sie gewiss belohnen.

Und hatte sie ein Licht gesehen,
direkt von Gott an sie gesandt,
sie hatt' es traumähnlich genannt
und ließ es gerne dann geschehen.

Sie heilte Krankheiten mit Pflanzen
und schrieb Musikstücke dann auch,
verfasste Bücher zum Gebrauch;
leistete sich Extravaganzen.

Schrieb mutige Briefe an den Kaiser
und an den Papst besonders gern,
sie kannte viele wicht'ge Herrn,
sprach über alles, gar nicht leiser. –

Im 20. Jahrhundert schließlich
da wollte man noch mehr erfahr'n
wie Frau'n in der Geschichte war'n,
kam zu dem Schluss man: sehr beachtlich!

Seit 1584
wird sie als Heilige verehrt,
und ihr Vermächtnis ist begehrt,
denn dies, so deucht mir, das ist ewig.

Im Jahr 1179 starb sie,
schon damals sehr hoch angeseh'n.
Sie war eben ein Phänomen,
das heut' noch wirkt, fait accompli!

26. März 2024

Kleopatra

Ägyptens letzte Pharaonin,
das war Kleopatra einmal,
regiert’ zuerst mit ihrem Bruder,
später alleine ganz feudal.

Sie stammte ab von Ptolemäern,
die sehr, sehr lange hier regiert,
sprach Griechisch und Ägyptisch fließend,
war klug und auch emanzipiert.

Obwohl sie keineswegs ‘ne Schönheit,
beeindruckte sie allgemein,
sie war Kleopatra, die Siebte,
und ging in die Geschichte ein.

Die Männer lagen ihr zu Füßen,
ja sogar Cäsar schätzte sie.
Obwohl der Römer damals mächtig,
war ihr Ägypten stark wie nie.

Sie hat verführt Julius Cäsar
und hatte mit ihm einen Sohn,
Cäsarion, das war sein Name,
er war der beiden Liebeslohn.

Nachdem Cäsar ermordet wurde,
da kam Antonius an die Reih’,
sie wurd’ die Freundin dieses Römers,
gebar ihm Kinder, zweifelsfrei.

Oktavian, der Ziehsohn Cäsars,
er zog in einem Bürgerkrieg
gegen Antonius zu Felde
und trug davon ‘nen großen Sieg.

Antonius starb im Jahr 30,
Kleopatra wollt’ nicht mehr sein,
sie ließ sich beißen von ‘ner Schlange
und starb mit ihm dann hinterdrein.

Für kurze Zeit war Cäsars Sohn dann
der neue Pharao im Land,
Oktavian ließ ihn ermorden,
behielt damit die Oberhand
Er gliederte Ägypten schließlich
dem Römerreich ein hinterher,
es wurd’ damit ein Teil des Reiches; –
Ägypten gab es dann nicht mehr!

9. März 2024

Elisabeth I.

Im Jahre 1558
wurd' sie in England Königin,
sie war 'ne mächtige Monarchin,
England wurd' Großmacht daraufhin.

Sie folgt' auf Edward, Heinrichs Sohn,
denn dieser starb noch als Infant,
als Heinrichs Tochter wurd' nun sie
die Herrscherin in Engeland.

England, das war ein armes Land
als sie damals den Thron bestieg,
sie fördert' Wirtschaft, Schulen, Kunst,
bracht' damit England manchen Sieg.

Nun war ihr England endlich reich
und stieg damit zur Großmacht auf
zu Lande und zur See sodann;
Geschichte nahm nun ihren Lauf,
denn Spanien fühlt' sich bedroht,
erklärte den Krieg ihr schließlich dann,
'ne große Flotte hatten sie
und griff die englische gleich an.

Doch England siegte in der Schlacht,
man hatte bald die Oberhand,
vertrieb die Spanier sodann,
das Britisch' Weltreich bald entstand. –

Maria Stuart, Schottlands Queen,
war das Vertrau'n des Adels los,
flüchtet' nach England ins Exil,
zu Lisbeth kam sie dann ins Schloss.

Cousine von Elisabeth
war sie, beanspruchte den Thron
von England schließlich dann für sich,
da kam's natürlich zum Affront,
bedrängt Elisabeth so sehr,
dass diese sie gefangen nahm,
sie ließ sie hinrichten draufhin -
Elisabeth war unbeugsam.

Nachdem sie nie geheiratet,
hat sie kein Kind zur Welt gebracht,
die Tudors starben damit aus,
die Stuarts kamen an die Macht.

Sie starb mit 69 Jahr'n,
und Jakob Stuart wurde King
der Engländer und Schotten dann,
er, Mary Stuarts Nachkömmling.

Und 100 Jahre später dann
wurd' Großbritannien daraus. –
So heißt es ja bis heute noch,
heut' sind die Windsors hier zuhaus!

18. März 2024

Marie Curie

Aus Polen kam Marie Curie,
sie hatte eine Leidenschaft
für die Physik und auch Chemie.

Und Pierre Curie, das war ihr Mann,
zusammen arbeiteten sie
an Experimenten mit Uran.

Sie nannt' es radioaktiv. –
Polonium und Radium,
die wurden durch sie zum Begriff.

Sie hatten diese auch entdeckt –
die Elemente waren neu –
verdankt man ihrem Intellekt.

Marie, sie durfte einst als Kind
nicht an die Universität,
weil damals dort nur Männer sind.

Als Lehrerin war tätig sie,
verschied'ne Stellen nahm sie an;
trotzdem, studieren durft' sie nie.

Experimente machte sie
ganz wissenschaftlich doch zum Trotz,
studiert dann in Paris, compris?

An dieser Universität
war später Professorin sie,
und wurd' eine Kapazität.

Radioaktivität gefährlich ist,
man arbeitet dabei mit Strahl'n,
Marie war aber Spezialist.

Gefahr hatt' man noch nicht erkannt,
Marie entzündete dabei
die Fingerspitzen ihrer Hand.

Die Strahlenkrankheit hatte sie,
die damals niemand hat erkannt,
doch weiter arbeitet' Marie.

Hat's zum Nobelpreis dann gebracht
in der Chemie und der Physik,
hat Euphorie damit entfacht.

Sie wurde endlich anerkannt,
setzt' sich auch für die Frauen ein,
brach endlich Männer's Widerstand.

Die Strahlung stört ihr Wohlergeh'n,
an Blutkrebs war sie jetzt erkrankt.
So starb sie dann hoch angeseh'n.

Sie hatt' in allem sich bewährt,
in Forschung und in Wissenschaft.
Bis heute wird sie noch verehrt!

24. März 2024

Olympe de Gouges

Sie hieß Olympe de Gouges,
war eine Frauenrechtlerin –
Theaterstücke schrieb sie auch –
und Aufklärungs-Verfechterin.

Im 18. Jahrhundert wars,
da schrieb sie einen Briefroman,
in dem sie kritisiert vor all'm
Benachteil'gung der Frau'n sodann.

Wenn Mütter unverheiratet
und Bastard nannt' man deren Kind,
da hat sie heftig sich gewehrt,
weil Kinder ja auch Menschen sind.

Die Männer griffen sie gleich an,
und immer wettert' man geg'n sie,
die auch politisch sich mischt ein,
und das verzeihte man ihr nie.

Sie war auch ihrer Zeit voraus,
denn Frauen durften überhaupt
nicht wähl'n, kein öffentliches Amt,
ja, gar nichts wurd' ihnen erlaubt.

Doch sie schrieb weiter manches Werk,
denn Freiheit und auch Gleichheit galt
für Männer nur zu dieser Zeit.
An Frau'n war alles abgeprallt.

Ihr Eigentum gehört' dem Mann,
Beruf durfte man nicht frei wähl'n,
Frau'n hatten gar kein Bürgerrecht,
sie war'n im Grund' rechtlose Seel'n.

Doch 1791 dann,
da forderte sie Frauenrecht,
und 'ne Erklärung schrieb sie drauf.
Doch war inzwischen Männerrecht
verankert im Verfassungsrang.
Und ihre Ford'rung kam zu spät,
Verfassung neu war schon gedruckt
für Männer nur von A bis Zett.

Sie schloss der Revolution sich an
und wurd' verhaftet daraufhin,
klagt nach wie vor mit Vehemenz
die Gegner an wie am Beginn.
Es half ihr nichts, sie war verhasst.
Für Frankreich war sie ein Gewinn,
denn Frau'n verdankten ihr sehr viel, –
Sie endet' auf der Guillotine!

3. April 2024

Jeanne d' Arc

600 Jahre ist es her,
Jeanne d' Arc erblickt' das Licht der Welt
als Bauernmädchen auf dem Land,
die heut' noch jedermann gefällt.

Im Lande herrschte damals Krieg,
und Frankreich kämpfte um den Thron,
denn England wollte diesen ja.
Es kam zu großer Aggression.

Und Jeanne war damals noch ein Kind,
als England nun den Thron bekam.
Danach hatt' Visionen sie,
mit 17 wurd' sie unbeugsam.

Sie hörte Stimmen, war besorgt
um Frankreich, darum kämpfte sie,
das Land in Gottes Hand zu führ'n.
Unheimlich war sie, furchtsam nie.

Sie fühlte sich von Gott gesandt,
ihr Land von Feinden zu befrei'n,
und man besorgte ihr ein Pferd,
Rüstung, Soldaten hinterdrein.

Befreite Orleans sodann
in diesem hundertjähr'gen Krieg,
und führte gegen Engeland
Franzosen zu 'nem großen Sieg.

Karl VII. wurd' gekrönt,
sie stand dabei in erster Reih'.
Danach braucht' Karl sie nicht mehr,
das war ein Fehler einwandfrei,

denn England schlug darauf zurück,
nahm sie gefangen auf dem Land.
Trotz Gottes Hilfe wurde sie
am Scheiterhaufen dann verbrannt.

500 Jahre später wurd'
sie heiligg'sprochen dann zuletzt,
ist heute noch Schutzpatronin
von Frankreich. Das ist sie bis jetzt!!

3. April 2024

Queen Victoria

Im Weltreich Großbritannien
regierte sie als Königin,
Victoria, das war ihr Name,
sie war ‘ne deutsche Herrscherin.

Ihre Regierungszeit war lange,
fast 70 Jahre an der Macht
war sie, die „Großmutter Europas“,
ihr Land war eine einz’ge Pracht.

Der Deutsche Kaiser war ihr Enkel,
auch manche and’re Herrscher noch;
die mächtigste Frau der Geschichte,
das war sie wohl in der Epoch’

Ein ganzes Zeitalter, das nannte
man „Viktorianisch“ in der Welt,
sie war auch Kaiserin von Indien,
es wird noch heute gern erzählt.

Sie war sehr selbstbewusst und strenge,
entschied am liebsten all’s allein,
die Frau’nbewegung ihres Landes
war ihr ein Dorn im Aug’, nicht fein.

Obwohl sie selbst auch eine Frau war,
fand sie es sündhaft und verrückt
und war von dieser Frau’nbewegung
in keiner Weise drum entzückt.

So manches in der weiten Welt wurd'
nach ihr benannt – „Victoria" –,
zum Beispiel Staaten in Australien
und auch ein See in Afrika.

Verheiratet war sie mit Albert
von Sachsen-Coburg und Gotha,
hatte mit ihm dann auch neun Kinder,
Victoria, sie liebt' ihn ja.

Sehr traurig war sie, als er starb dann,
sie trug jetzt schwarze Kleidung nur,
zog sich zurück, wurd' unbeliebt dann
beim Volk, regierte nurmehr stur.

Vernachlässigte nun ihre Pflichten,
ward nicht geseh'n so manches Jahr;
erst später trat sie dann vor's Volk hin,
war nicht mehr, wie sie früher war.

Die letzten Jahre ihres Lebens
war sie sehr krank, konnt' nur schlecht seh'n,
sie starb 1901 auf ihrem Landsitz.
Britanniens Glanz war im Vergeh'n!

9. März 2024

Josephine Baker

Sie war eine Südstaatentochter
und tanzte stets aus Leidenschaft,
mit 16 schon tanzte sie immer,
getrieben sehr von Willenskraft.

Und dann in den 20er-Jahren
eroberte sie ganz Paris,
mit Jazz und mit Charleston macht' sie
Europa zum Tanzparadies.

Zum Tanze trug ein Röckchen sie,
das mit Bananen war verziert,
ihr Markenzeichen wurde dies,
sie trug es kurz, ganz ungeniert,

und wirbelt' auf der Bühne 'rum
in flottem Tempo zur Musik;
trotz Pirouetten hatte sie
doch stets das Publikum im Blick!

Die ganze Welt lag ihr zu Füßen;
betätigt' sich als Chansonette,
in der Resistance der Franzosen
fand sie ihre Identität.

Sie macht' sich stark für Toleranz,
für Rassen und Religion;
in den USA, wo sie herkam,
war leider nie die Red' davon.

Als Schauspielerin macht' Furore
sie, dann auch als 'ne Sängerin,
bekam dafür manche Hauptrolle,
verband beides später forthin.

Bei Welttourneen immer bejubelt,
war Mittelpunkt bei jeder Schau.
Sie war ganz zweifellos schon immer
'ne außergewöhnliche Frau!

11. Feb. 2024

Katharina von Medici

Kaufmannstochter aus Florenz –
Heinrich II. wurd’ ihr Mann
musst’ die Untreue ertragen,
die ihr Heinrich angetan.

Lange Jahre kinderlos,
zum Gebären außerstand?
Da gebar sie dann zehn Kinder.
„Zuchtstute“ wurd’ sie genannt.

Nach dem Tod des Königs aber
übernahm sie dann den Thron
für die Söhne König Heinrichs,
sie tat es aus Staatsräson.

Dadurch wurd’ ihr Einfluss größer –
Katholikin obendrein –
doch sie räumt den Hugenotten (Protestanten)
auch gewisse Rechte ein.

Doch der Hugenottenführer
macht’ ‘ne eig’ne Politik,
Antispanien war sein Credo,
und so kam’s zum Glaubenskrieg.

Katharina ließ ihn töten
und seine Genossen mit,
Tausende verlor’n ihr Leben,
End’ des Krieges war hiermit.

Sie sicherte der Krone Stellung,
verständigte mit Spanien sich
und war damit ans Ziel gekommen;
lebt' fortan wahrhaft königlich!

11. Feb. 2024

LIEDERTEXTE

Komm' zu mir

1. Strophe
Als wir uns damals gefunden,
tat eine Welt sich mir auf,
hab' ich für Dich viel empfunden,
doch alles nahm seinen Lauf.
Ich hab' Dich plötzlich verlassen,
Du schautest mich nicht mehr an,
dacht' mir, Du würd'st mich nun hassen,
wärst mir nicht mehr zugetan:

Refrain
Komm' zu mir, ich brauch' Dich zum Leben,
ich kann ohne Dich nicht mehr sein.
Kannst Du mir noch einmal vergeben,
dann lass ich Dich nie mehr allein.
Ich hol' Dir vom Himmel die Sterne,
versetz' für Dich Berge ins Meer,
ich sehne mich so nach Deiner Wärme,
drum bitt' ich Dich, komm' wieder her!

2. Strophe
In den nun folgenden Jahren
hatt' ich so manch Rendezvous,
doch bald war ich mir im Klaren,
keine Frau ist so wie Du.
Sehnsucht bestimmte mein Denken,
darum komm' ich jetzt zu Dir,
möcht' meine Liebe Dir schenken,
Du bist mein Glücks-Elixier:

Refrain
Komm zu mir

Du lässt mich nicht mehr los

1. Strophe
Wann werd' ich dich wiederseh'n,
so kann's nicht weitergeh'n,
die Sehnsucht frisst mich auf.
Gib dem Herzen einen Stoß,
auf 1-2-3 geht's los,
ich freue mich darauf.
Und ich male mir schon aus,
ich sag's dir frei heraus,
ein neues Stelldichein.
Wir zwei sind ein Superteam,
es wird schon nicht so schlimm
wie früher einmal sein.

Refrain
Du lässt mich nicht mehr los,
und in Gedanken bin ich immer wieder bei dir.
Was mache ich nur bloß?
Wenn du nicht kommst, dann werd' ich sicherlich zum Raubtier
Du lässt mich niemals kalt,
ein kesser Blick und du hast mich am Gängelband,
oh' du Naturgewalt,
du raubst mir den Verstand!

2. Strophe
Drum, nimm gleich den nächsten Zug,
noch besser, einen Flug,
und mach dich auf den Weg.
Denn ich warte schon auf dich,
versprech' dir feierlich
ein zärtliches Comeback.
In Gedanken wünsch' ich mir,
du würdest bald schon hier
an meiner Seite sein.
Ja, du bist für mich die Welt,
ich wär' so gern dein Held
und du mein Edelstein.

Refrain
Du lässt mich ...

24.10.08

Ich trag' dich auf meinen Händen

1. Strophe
Komm', fahr' mit mir in die Ferne,
komm', fahr' mit mir über's Meer,
uns begleiten nur die Sterne,
ja, ich wünsch' mir das so sehr.
Liebe muss man erleben,
ich habe sie für uns bestellt,
steig' ein und du wirst sehen,
sie ist das höchste Gut der Welt:

Refrain
Ich trag' dich auf meinen Händen
und lass dich niemals mehr geh'n,
wir wollen das Glück vollenden,
weil wir uns so gut versteh'n!

2. Strophe
Hörst du, wie die Wellen rauschen,
spürst du so wie ich den Wind,
nie möcht' ich mit jemand' tauschen,
denn wir sind uns wohlgesinnt.
Träume geh'n in Erfüllung,
sie werden sicher für uns wahr,
wir sind für alle Zeit jung,
ja, uns're Welt ist wunderbar:

Refrain
Ich trag' dich ...

7.9.08

Glaube mir

1. Strophe
Ich wär' so gern bei dir
zu jeder Stunde uns're r Tage,
drum nimm als Souvenir
hier diesen Ring, den ich sonst trage.
Vielleicht wird es bald wieder
so schön, wie's einmal war.
Ich liebe ja nur dich,
ja, das ist selten heutzutage.

Refrain
Glaube mir, wenn ich sag', ich lieb' dich,
und mein Herz gehört dir allein.
Tag für Tag, in jedem Augenblick,
möcht' ich so gern für immer bei dir sein.
Denk daran, dass es nie zu spät ist,
Liebe gibt es zu jeder Zeit,
wart' auf mich, denn ich bin bald bei dir,
und dann sind wir nie mehr allein!

2. Strophe
Wir zwei geh'n Hand in Hand
schon bald gemeinsam durch das Leben,
ein unsichtbares Band
hält uns zusammen, treu ergeben.
Dann bleiben wir zusammen,
egal, was kommen mag.
Wir werden wie im Traum
gemeinsam durch die Zeiten schweben!

6.9.08

Ich steh' auf Männer

Einleitung
4 Takte instrumental

1. Strophe
Ich steh' auf Männer immerzu,
hatt' schon so manches Rendezvous,
ja, ja, das Maskuline zieht mich magisch an.
Denn Männer sind mein größter Schatz,
da haben Frauen keinen Platz,
jetzt bin ich Single, und ich suche einen Mann.
Ein ganzer Kerl muß er sein
und für mich da jahraus, jahrein,
mit einem Wort, ein Mann mit allem Drum und Dran!

Refrain
Ich hab' im Traum ihn geseh'n
und um mich war's gleich gescheh'n.
Er machte mir gleich ein Angebot,
ich konnt' nicht widersteh'n.
Und unser Traum wurde wahr,
wir wurden schließlich ein Paar.
Als ich erwachte, da war er wirklich,
war er wirklich da!

2. Strophe
Wir gingen schließlich Hand in Hand
und waren außer Rand und Band,
und seine Stille war mir auch sofort vertraut.
Er war der Mann aus meinem Traum,
ja, ja, ich fasse es ja kaum,

wenn ich dran denke, überkommt mich Gänsehaut.
Mein Traum ist wahr, so dacht' ich mir,
jetzt bin ich sicher, er ist hier,
ich habe selten noch so glücklich ausgeschaut!

18.7.2022

Ich hab' die Liebe gespürt

Einleitung
4 Takte instrumental

Refrain
Ich hab' die Liebe gespürt,
als du mich ansahst, war's um mich gescheh'n,
hab' mich sofort schwer verliebt
und wusste gleich, ich könnt' dir nicht widersteh'n.
Ich bin sofort dir verfall'n
und dachte mir, ist das nun etwa ein Traum,
doch plötzlich hast du mich ganz zärtlich berührt,
ich hab' die Liebe gespürt!

1. Strophe
Du hast schon in uns'rer ersten Nacht
in mir ein Feuer der Gefühle entfacht,
das hatte ich bis heute noch nicht erlebt,
du hast mich glücklich gemacht:

Refrain
Ich hab' ...

2. Strophe
Du hast dich mir zum Geschenk gemacht
und mir der Liebe Wonnen nahegebracht,
ich wünschte mir so sehr, die Zeit bliebe steh'n,
ja, und ich hab' mir gedacht:

Refrain
Ich hab' ...

30.7.22

Weißt du noch ...

1. Strophe
Weißt du noch, was einst mit uns geschah
in den alten Zeiten?
Anfangs war ich ganz allein, doch dann
warst du plötzlich da.
Du hast mich gelehrt, was Liebe ist,
wolltest mich begleiten,
doch dann warst du weg, bis ich
dich heute wiedersah:

Refrain
Komm und verbring mit mir die Nacht
und lass uns träumen,
vergiss die Welt um uns und bleib bei mir,
wir woll'n den Augenblick genießen, nichts versäumen,
und uns verwöhnen, das schwör' ich dir!

2. Strophe
Lass den grauen Alltag hinter dir,
denk' nur an die Liebe,
meine Seele sucht nach deiner Hand,
komm und reich sie mir.
Denn du bist das Einzige, was zählt
in dem Weltgetriebe,
deine Stärke brauche ich,
geliebter Kavalier:

Refrain
Komm und verbring ...

1.9.2008

Lass gemeinsam uns singen

1. Strophe
Wenn ich träum', dann nur von dir,
was kann schöner sein,
darum komm recht bald zu mir,
ich bin so allein.
Warte keinen Augenblick,
nimm den nächsten Flug,
unser Lied erzählt vom Glück
jeden Atemzug:

Refrain
Lass gemeinsam uns singen,
denn die Welt ist so schön,
und uns're Liebe wird nie vergeh'n.
Alles Glück dieser Erde
schenk' ich dir jede Nacht,
und die gold'nen Sterne
sind für uns nur gemacht!

2. Strophe
Leg dein Herz in meine Hand,
ich brauch dich so sehr,
denn du raubst mir den Verstand,
was willst du noch mehr?
Komm, lass keine Zeit vergeh'n,
mach dich endlich frei –
denn du bist mein Phänomen -
was ist schon dabei?

Refrain
Lass gemeinsam ...

August 2008

Mein Liebling

Nichts, das ich weiß, wär' gut genug,
wenn ich für Dich 'was schriebe,
drum lasse ich es lieber sein;
Du hast ja meine Liebe.

Zu wenig wär' es auch für Dich,
wenn ich jetzt komponierte,
denn Du, Du bist das beste Stück,
das je mein Dasein zierte.

's käm' Deiner Anmut niemals gleich,
wenn ich Dir etwas malte.
Es denkt an Dich und glaubt an Dich
zu jeder Zeit –
der Alte!

BERÜHMTE ÄRZTE

Christiaan Barnard

Mit dem Herz auf du und du,
das war Christiaan Barnard.
So kam er zur Chirurgie,
die sein Lebensinhalt ward.

Aus Südafrika war er,
Vater war Missionar;
die Hand Gottes war nicht sein's,
Medizin sein Credo war.

Menschen helfen war sein Ziel,
und er wählte diesen Weg,
für die Menschen da zu sein;
damals war's ein Privileg.

Er studierte Medizin,
legt' auf's Herz sein Augenmerk,
bis er schließlich mit viel Mut
dann begann mit seinem Werk.

Transplantiert das erste Herz,
weltweit war's das erste Mal,
Komplikationen gab's
medizinisch und sakral.

Durfte man der Seele Sitz
in 'nen and'ren Körper denn
flugs verpflanzen, fragt er sich,
ist's vertretbar „exogen"?

Die Bedenken, die er hatt',
hielten sich nicht lange dann,
und mit seinem Ärzte-Team
ging an's Werk er nun heran.

Einer jungen Frau hatt' er
nun verpflanzt ein neues Herz,
sie verunglückte zuvor
tödlich! – Seele himmelwärts?

18 Tage lebte sie
mit dem neuen Herzen nun –
Das war Barnards Durchbruch jetzt,
für die Frau war's opportun.

Noch bis heute rettet man
viele Leben auf der Welt,
es war Barnards größte Tat,
Pionierarbeit, die zählt.

Bis zu seinem eig'nen Tod
hatte er gezeigt sodann,
wie viel Herz, genau wie er,
je ein Mensch beweisen kann!

14. April 2024

Ignaz Semmelweis

Er wurd' in Budapest geboren,
und er studierte Medizin,
war Assistenzarzt an 'ner Klinik
für die Geburtshilfe in Wien.

An dieser Klinik starben Frauen
an Kindbettfieber immerzu,
sie war auch offen für Studenten,
für Hebammen war sie tabu.

Die war'n an einer zweiten Klinik,
und es fiel Semmelweis dann auf,
dass dort nicht viele Frauen starben,
er legt sein Augenmerk darauf.

Und stellte fest, in seiner Klinik
war die Hygiene mangelhaft,
Hände der Ärzte war'n nicht sauber,
und Frau'n wurden dahingerafft.
Drum forderte er Reinigung,
mit Chlorwasser sollt' dies gescheh'n.
Und siehe da, die Sterblichkeit
sank drastisch, musste man gesteh'n.

Und trotzdem erntet' er nur Spott,
er wurd' entlassen auf der Stell'. –
Professor wurd' er daraufhin
in Budapest offiziell.

Doch auch hier nahm ihn keiner ernst,
trotzdem lehnt' er sich ständig auf,
setzt' sich für's Leb'n der Mütter ein. –
Das Schicksal nahm nun seinen Lauf.

In eine Irrenanstalt steckt' man ihn,
noch nicht mal 50 Jahre alt,
wo er dann noch im selben Jahr
verstarb an Infektionen bald.

Bis heut' verdanken Mütter ihm,
auch wenn von Ärzten sie berührt –
das Kindbettfieber gibt's kaum mehr –
dass er Hygiene eingeführt!

26. April 2024

Hippokrates

Begründer der Viersäfte-Lehre
und Wissenschaft der Medizin,
das war Hippokrates, der Grieche,
schon lang vor Christus gab es ihn.

Er wanderte durch manche Lande,
Kleinasien und Griechenland,
verbreitete dort seine Lehren
und wurde schließlich weltbekannt.

Erstellte manche Diagnose,
behandelte die Menschen dann,
er bildet' aus auch junge Ärzte,
bracht' seine Lehren an den Mann.

Chirurg'sche Eingriffe verbat er,
und seine Lehren wurden Brauch,
noch immer für die Ärzte gültig,
die Schweigepflicht zum Beispiel auch.

Seine Erkenntnisse von damals,
sie retten heut' den Kranken noch
das Leben aufgrund seiner Forschung.
– Es war 'ne fruchtbare Epoche.

Er fühlte Puls, maß Temp'ratur
und legte Wert auf Sauberkeit.
„Der Mensch, er heilt sich selbst", sagt' er,
das war sein Credo in der Zeit.

Heilmittel auch aus der Natur
verwendete er auch durchaus,
verschrieb Diäten damals schon,
war seiner Zeit sehr weit voraus.

Bis heute sind sie aktuell,
die Lehren, nicht nur sinngemäß,
und jeder Mediziner schwört
ja den „Eid des Hippokrates"!

26. April 2024

Paracelsus

Paracelsus war ein Arzt
und Naturforscher zugleich,
in der Schweiz wurd’ er gebor’n,
und er starb in Österreich.

Er wirkte in manchem Land
in Europa auch im Krieg,
war auch Feldarzt in der Zeit;
machte manche Schrift publik.

Er behandelt’ Syphilis,
Quecksilber benutzt’ er drum,
sprach: Die Dosis macht das Gift
und ging sparsam damit um.

Die Erforschung der Natur,
sein System der Medizin
gründet’ er auf Alchemie,
weist auf die Erfahrung hin.

Und auch die Astrologie
floss in seine Lehren ein,
äuß’re Einflüsse spiel’n auch
eine Rolle obendrein.

Die moderne Pharmazie
geht vor all’m auf ihn zurück,
die Viersäftelehre doch
war für ihn ein Gegenstück,

denn er hielt davon nicht viel,
legte Wert auf Einfachheit,
und sein' Heilmittel sodann
ziel'n auf Leben und Weisheit.

Und so manche seiner Lehr'n
haben Gültigkeit bis heut',
er war auch ein Humanist,
bedeutend auch als Therapeut. –

Seine Grundhaltung als Arzt
definiert' er in dem Sinn:
„Höchster Grad uns'rer Arznei'n
steckt ganz tief in Liebe drin!"

16. April 2024

Alfred Adler

Alfred Adler war ein Wiener,
er studierte Medizin
und eröffnet' eine Praxis
in 'nem Viertel dann in Wien.

Sozial war dieses schwächer,
doch das war ihm ganz egal,
psychologisch ging ans Werk er,
war als Nervenarzt neutral.

Er behandelte die Menschen,
ganz egal, aus welchem Stand,
wurd' von Freud dann eingeladen,
wo er Gleichgesinnte fand.

Stimmt mit Freud'schen Fachansichten
anfangs total überein,
kritisierte dann Freud's Thesen,
gründet' eigenen Verein
für Individualpsychologie.
Scharte weitere um sich,
die seine Ansichten teilten,
hatt' Erfolg damit schließlich.

Aufklärung, rein philosophisch,
sah er dann als seine Pflicht,
Freiheit für das eig'ne Handeln
hatte für ihn viel Gewicht.

Er erklärt Psychoneurosen
nicht wie Freud rein sexuell;
Minderwertigkeitskomplexe
nannt' er dies ganz generell.

Geltungstrieb der Individuen,
übersteigert und missglückt,
Anpassung an die Gemeinschaft
war den Menschen weit entrückt.

Adler lehrte dann in Wien noch
und ging dann nach Übersee,
macht' in USA Furore,
wurd' verstanden dort per se.

Gilt bis heute als Begründer
der Individualpsychologie.
1937 starb er,
sein Werk gilt Fait accompli!

16. April 2024

Galenus von Pergamon

In der Antike gab's 'nen Arzt,
Galenus wurde er genannt,
er stammte ab aus Pergamon
und war in Griechenland bekannt.

Neben Hippokrates war er
der wohl berühmteste im Land,
studierte dort in mancher Stadt
und auch in Rom sein Wirken fand.

Gewann Erkenntnisse dann auch
als Sport- und Wundarzt dort in Rom,
Gladiator'n behandelt' er,
war auch ein großer Anatom.

Er stand im Dienst von Marc Aurel,
hielt Vorträge in Anatomie,
führt' Tierexperimente durch,
beschrieb auch Physiologie.

Stand für Viersäfte-Theorie
schon wie Hippokrates zuvor,
des Körpersafts Ungleichgewicht
war aller Krankheiten Faktor.

Blutegel, Diuretika,
Schröpfköpfe auch und Aderlass,
damit behandelte er dann
die Kranken ohne Unterlass.

Galenus' ausgebautes Werk,
400 Schriften waren es,
und 15 Bücher war'n dabei,
es war ein wichtiger Prozess.

Nach 1400 Jahren erst
wurd' alles kritisch hinterfragt,
bis in der Renaissance sodann
war seine Lehre angesagt.

Autorität in Medizin
erlangte schließlich er zuletzt,
die Medizin war sein Metier,
er war allgegenwärtig jetzt.

Noch immer gibt es den Begriff,
„Galenik" wird sie heut' genannt,
die Zubereitung der Arznei'n
ist auf der ganzen Welt bekannt.

Sein Name steckt in dem Begriff,
„Galenik" von „Galenus" kommt,
ist heute international,
was jedem Apotheker frommt!

13. April 2024

Aaron von Alexandria

Aaron von Alexandria,
gelebt vor 1300 Jahr'n,
er war ein Arzt, der Bücher schrieb,
Pandekten über Medizin es war'n.
Vom Griechischen ins Syrische
hat man sie damals übersetzt,
umfassten 30 Bücher schon
von seinem Anfang bis zuletzt.

Auch auf Arabisch gab es sie
im Jahr 684 dann,
vieles davon ist nicht bekannt,
doch Pocken, Masern kannte man.
Er stellte fest, dass diese zwei
Erscheinungsformen waren gleich,
Infektionen gleicher Form
vom selben Stamme und Bereich.

Nur Diätetik, Chirurgie
behandelt' oberflächlich er,
wie man dann später festgestellt,
sie int'ressierten ihn nicht sehr.
Erhalten sind die Schriften nicht,
nur überliefert mancher Teil. –
Aaron von Alexandria
ging trotzdem in Geschichte ein!

12. April 2024

Albert Schweitzer

„Urwald-Arzt“ war Albert Schweitzer,
er studiert’ erst am Beginn
Theologie, war vorerst Pfarrer –
und später dann die Medizin.

Er setzte sich für Menschen ein,
und alle Waffen lehnt‘ er ab,
er war für Frieden und für Freiheit. –
Ergriff sodann den Pilgerstab
und ging sogleich nach Afrika,
wo er dann Missionsarzt war,
und baut’ im Dorfe Lambarene
ein Urwaldkrankenhaus sogar.

Behandelte dort viele Kranke,
die Eingebor’nen liebten ihn,
auch seine Frau, sie war zugegen,
arbeitet’ dort seit Anbeginn.

Wenn sie Medikamente brauchten,
dann war Europa deren Ziel,
versorgten damit Patienten
und arbeiteten sehr subtil. – –

Jahre vergingen wie im Fluge.
Man setzte ihm ein Ehrenmal,
als er dann starb in Lambarene,
in seinem Tropen-Hospital!

27. April 2024

Sigmund Freud

Sigmund Freud war Psychologe,
dachte viel darüber nach
wie Gefühle funktionierten,
Psycho-Störungen demnach.

Er studierte Medizin
an der Universität,
arbeitet' im Krankenhaus,
legte Wert auf Qualität.

Hatte zur Psychologie
damals neueste Ideen,
viele Anhänger hatt' er,
und er war sehr angeseh'n.

Manche Leut' verspotteten
ihn, Ärzte grenzten ihn aus.
Prominente suchten Rat,
sie vertrauten ihm durchaus.

Und das Unterbewusstsein
int'ressierte ihn ja sehr,
unser Denken, unser Handeln,
das hängt ab davon, sagt' er.

Auch die Psychoanalyse,
die entwickelte er dann,
war Bestandteil der Behandlung,
und auch Traumdeutung kam dran.

Dachte nach über die Triebe,
die den Menschen innewohnt,
und das menschliche Verlangen
wurde von ihm stets betont.

Sexualität sei wichtig,
und auch die Befriedigung
von Bedürfnissen war etwas,
das er sah als Zielsetzung.

Für das Fortbesteh'n der Menschheit
war das Nonplusultra es,
seine Lehre war umstritten,
doch ein wichtiger Prozess,

denn der Mensch wird durch die Triebe
nur gesteuert, stellte‘ er fest,
Sexualität im Fokus,
das war für ihn Manifest. – –

Schließlich floh er dann nach London
vor den Nazis ins Exil,
ein Jahr später, da verstarb er. – –
Wissenschaft verdankt ihm viel!

27. April 2024

HEITERER AUSKLANG

Die Galle

„Die rechte Seite tut mir weh',
das sagt ein Mann zu seinem Doc.
„Es wird ein Nerv ganz sicher sein",
meint dieser weiter dann ad hoc.

Der Arzt, der untersucht ihn gleich
und sagt zu ihm: „Mit einem Wort,
sie haben Steine, mehrere,
hör'n sie zu saufen auf sofort!"

Er redet ins Gewissen ihm,
der Patient hört gar nicht zu,
denn er weiß besser, was zu tun
ist und erklärt dem Doc im Nu:

„Ich geb' das Saufen niemals auf,
ich hör' nicht auf damit, nein, nein,
ganz sicher sauf' ich weiterhin,
denn: Steter Tropfen höhlt den Stein!"

27. Feb. 2024

Zwei Freunde

Ein Mann kommt täglich in die Kneipe,
und er bestellt zwei Viertel Wein,
die trinkt er aus, er zahlt und geht dann,
grüßt freundlich – dies jahraus, jahrein.

Der Wirt, er hat sich schon gewöhnt dran,
er kennt den Gast nun schon sehr lang.
Doch eines Tags bestellte dieser
ein Viertel nur, das er dann trank.

Da wunderte der Wirt sich drüber
und fragt ihn, ob er krank wohl wär'?
Da sagt der Gast, dass er 'nen Freund hat,
der ausgewandert über's Meer.

Und weiter: „Wir hatten vereinbart,
zu trinken für den andern auch,
wenn wir ein Glas irgendwo kippen,
und machten uns das dann zum Brauch."

Der Wirt: „Sie trinken nur ein Viertel,
ist denn Ihr Freund inzwischen tot?"
„Nein", sagt der Gast, „der ist gesund noch
und Gott sei Dank auch nicht in Not.

Warum ich nur ein Viertel nehme,
hat seinen Grund, mein lieber Herr,
an mir persönlich liegt die Sache,
denn ich, ich trinke ja nichts mehr!"

25. April 2024

Stimmen hören

„Manches Mal, da hör' ich Stimmen",
sagt 'ne Frau, „doch seh' kein Schwein."
Ihre Ärztin untersucht sie,
findet aber nichts, oh nein.

Und sie sagt, dass sie gesund sei,
sie behauptet's felsenfest.
Doch die Patientin glaubt's nicht
und besteht auf einem Test.

Als der Test darauf vorbei ist,
weiter nichts ergeben hat,
stellt die Ärztin ein paar Fragen,
ganz gezielt und akkurat.

„Wann genau passiert's?" Die Ärztin
wollt' sich keinesfalls blamieren.
Patientin drauf entgegnet:
„Immer beim Telefonier'n!!!"

9. April 2024

Das Rezept

Ein Patient besucht den Arzt,
sein Leiden spielt herunter er,
er sagt mal dies und manchmal das,
kommt nie zur Sache, tut sich schwer.

Der Arzt stellt Fragen, er hört zu,
beantwortet die Fragen nicht,
schweift ab vom Thema immer mehr,
spricht nur über sein Leibgericht.

Vermutlich ist er gar nicht krank,
der Arzt ist draufhin ganz verdutzt,
vermutet daher, dass der Mann
ihn nur als Zuhörer benutzt.

Langsam wird's dem Arzt zu blöd,
schreibt etwas auf dem Komiker
und sagt: „Hier hab' ich was für sie. -
Doch dies ist jedoch folgenschwer! „

Der Patient nimmt es zur Hand,
es abzulehnen, liegt ihm fern,
denn ein Rezept ist's; strahlt und sagt:
„Sie kochen also auch so gern!!!"

9. April 2024

Beim Psychiater

Zum Psychiater geht ein Mann,
weil ihn sein Hausarzt hat geschickt,
er sagt, er sei sehr religiös,
der Arzt versteht das, und er nickt.

Der Patient, er betet gleich
und macht sich's auf dem Bett bequem,
er spricht nicht viel, da meint der Doc:
„Was führt sie zu mir – ein Problem?"

Der Patient, der segnet ihn,
verliert aber kein einzig's Wort,
der Arzt, er wunderte sich sehr,
fährt dann mit der Befragung fort.

„Erzähl'n Sie mir der Reihe nach,
was Sie bedrückt, mein lieber Mann,
eins nach dem andern, bitteschön,
und fangen Sie ganz vorne an!"

Der überlegt ganz kurz und dann,
dann legt er los, der Doc schreibt mit,
und schließlich platzt's aus ihm heraus:
„Am Anfang schuf ich Himmel und Erde."

27. Feb. 2024

Beim Gynäkologen

Gynäkologen haben's gut,
sehr viele Frauen kennen sie,
die schönsten suchen sie sich aus,
bei mancher stimmt auch die Chemie.

Sie fangen ein Verhältnis an,
die Frauen sind nicht abgeneigt
und haben sich dann auch sehr gern
dem Arzt natürlich nackt gezeigt.

So kommt's zu einem Tete-a-tete,
was jeden Doktor ja sehr freut;
sie kopulier'n gemeinsam dann
und keiner hat das je bereut.

Nach dem Verkehr zieh'n sie sich an,
sie trinken Tee und fühl'n sich wohl,
doch manchmal werden sie gestört,
und war's für beide noch so toll.

In uns'rem Fall hört man die Tür,
der Doc, er zuckte förmlich aus,
sagt zur Geliebten ganz nervös:
„'s ist meine Frau. – Schnell, zieh dich aus!"

26. Feb. 2024

Ein verliebter Patient

Zu einer hübschen Krankenschwester,
da zog's den Patienten hin,
gesund will er ja nie mehr werden,
denn er steht sehr auf feminin.

Die Frau gefällt ihm ja so sehr, dass
er sagt: „Ich habe Sie so gern,
ich möchte hier bleiben für immer,
nach Hause geh'n liegt mir so fern!"

Und sie: „Als Sie mich gestern küssten,
das hat ja auch mein Mann geseh'n."
Und er erwidert gleich: „Na, wenn schon,
er wird es hoffentlich versteh'n."

„Na und", fügt er dann noch hinzu,
„hat er am End' sich alteriert?" –
„Weiß nicht, denn mein Mann ist der Arzt,
der Sie ja morgen operiert!"

25. Feb. 2024

Der Bart

Ein Patient, der ist erwacht
aus der Narkose im Spital,
er sieht den Arzt, der ihn betreut;
zumindest denkt er sich das mal.

„Herr Doktor“, sagt er int’ressiert,
„bin ich geheilt jetzt auf einmal;
ich fühl’ mich gut, und vielen Dank
dem Team und Ihnen dutzend Mal.“

„Hat lang gedauert, die OP,
das sehe ich an Ihnen ja,
enorm gewachsen ist Ihr Bart,
denn vorher war er noch nicht da.“

„Den Bart hab’ ich schon ewiglich,
und übrigens heiß’ Petrus ich!“

25. Feb. 2024

Das Handgelenk

Nach einer Sportverletzung
kam es zu einer Handgelenks-OP,
der Patient hat sehr gelitten,
ihm tut die Hand ja furchtbar weh.

Nach einer Woche war’s schon besser,
der Mann, er fasste neuen Mut,
und siehe da, nach einem Monat
war das Gelenk schon ziemlich gut.

Da kam der Arzt zu ‘ner Visite
und fragt den Patienten dann,
ob es ihm wirklich besser ginge.
„Viel besser“, sagt darauf der Mann.

Der Arzt meint: „Gibt’s vielleicht noch Fragen,
die Sie mir stell’n woll’n, lieber Mann?“
Der Patient sagt: „Eine hab’ ich,
wann kommt der Gips denn runter dann?“

„Schon morgen“, sagt der Arzt darauf,
„da werden Sie von ihm befreit!“ –
Jetzt ist der Patient erleichtert,
strotzt förmlich vor Zufriedenheit.

„Herr Doktor, eine Frage wär’s noch,
die ich Ihnen gern stellen will.
Kann ich danach dann auch Klavierspiel’n?“
„Ja, ja, sagt der, dann sind’s mobil,
ich sehe kein Problem dabei,
wir sind ja heute schon am Ziel!“

Der Patient sagt: „Wunderbar“,
und ist gleich voller Zuversicht.
„denn vorher“, sagt er, „lieber Doktor,
vorher konnt’ ich es nämlich nicht!“

24. Feb. 2024

Die Untersuchung

Ein junger Mann sucht einen Arzt auf,
dass der ihn gründlich untersucht.
Der Arzt beginnt mit der Behandlung
und lässt dabei nichts unversucht.

So manchen Monat kommt er wieder,
zufrieden ist der Arzt sogleich,
er kann partout nichts Arges finden,
doch eins ist für ihn aufschlussreich:

Denn dieser Junge, der erzählt nun
von sich – der Arzt wird kreidebleich –
es lässt den Arzt plötzlich aufhorchen,
und der wird bitterböse gleich.

„Seit Monaten behandl’ ich Sie
geg’n Gelbsucht, Ihnen wohlgesinnt,
Sie Idiot, und jetzt erzähl’n Sie,
dass Sie ja ein Chinese sind!“

24. Feb. 2024

Ein Ehepaar

Ein Ehepaar fährt übers Land,
gestritten hatten sie zuvor,
und wortlos sitzen sie so da,
denn keiner bringt ein Wort hervor.

So fahr'n sie weiter, keiner spricht,
sie sind ob ihres Streites stumm
und kamen zu ‘nem Bauernhof,
dort tummelten sich Schweine ‘rum.

Die Schweine wälzten sich im Dreck,
sie fühlen sich sehr wohl dabei,
und plötzlich spricht der Mann dann doch
zu seiner Frau – ‘s war Stichelei!

Er ätzt: „Sind die verwandt mit dir?“ –
Er meint die Schweine dort im Dreck –
Die Frau, ganz schlagfertig ist sie
und wischt die Frage einfach weg,

indem sie sagt: „Ja, lieber Mann,
du hast schon recht, ich bin nicht blind,
ich seh' genau, dass die im Dreck
ja meine Schwiegereltern sind!“

20. Feb. 2024

Die Tasche

Eine Frau steigt aus dem Bus
und lässt die Tasche einfach steh'n,
der Fahrer sieht das und er sagt:
„Sie hab'n die Tasche überseh'n."

Die Frau steigt aber trotzdem aus
und kümmert sich gar nicht darum,
der Fahrer wundert sich und meint:
„Gnä' Frau, die Tasche steht noch 'rum."

„Ich weiß", sagt sie, „das stimmt so schon",
geht trotzdem einfach weiter dann
und ruft dem Fahrer dann noch zu:
„Die Tasche ist für meinen Mann."

Der Fahrer grübelt nach sodann,
er könnt' sich nicht erklär'n, wieso?
Da sagt die Frau dann: „Ja, mein Mann,
der arbeitet im Fundbüro!"

20. Feb. 2024

Im Theater

Eines Tages treffen sich
zwei Freunde nach sehr langer Zeit,
erzähl'n einander manchen Schwank,
den sie erlebten einst zu zweit.

Schon in der Schule waren sie
befreundet; danach trennten sich
die Wege beider, jeder ging
woandershin unweigerlich.

Der eine fragt den and'ren nun,
was er beruflich denn so macht.
Der sagt, er sei zufrieden sehr
mit dem, was's Leben ihm gebracht.

Der andere fragt auch gleich nach,
er fragt, was dieser arbeitet.
„Bin beim Theater", sagt der Freund,
und weiter, dass es gut ihm geht.

Der Erste meint, „das ist ja toll,
was machst du am Theater denn? „
„Ja, ich verteil' die Rollen dort,
darf dabei nie was überseh'n.

Auf jedem Klo", sagt weiter er,
muß immer eine Rolle sein;
das ist mein Job in diesem Haus
– Ins Klo geh'n alle mal hinein!"

19. Feb. 2024

Der Komiker

Ein Komiker, der ging zu Bett,
zwei Gläser hat der Gute mit,
eines mit Wasser, eines leer;
war'n für die Nacht sein Requisit.

Ein Mitbewohner wundert sich,
es kam ihm einfach komisch vor,
drum fragt' er ihn halt nach dem Grund,
bevor auch er legt' sich auf's Ohr.

Der Komiker erklärt' darauf,
dass nachts er gerne Wasser trinkt,
wenn er mal aufwacht zwischendurch,
er würd' es brauchen unbedingt.

Na, und das zweite leere Glas,
warum hat er das auch dabei?
Er sagt: „Hab' ich mal keinen Durst,
dann kommt zum Einsatz das Glas Zwei!"

18. Feb. 2024

Geburtstage

„Geburtstage“, so sagt ein Arzt,
„die sind für die Gesundheit gut.“
Ein Patient versteht das nicht,
will wissen, worauf dies beruht.

Drum fragt er auch den Arzt sogleich,
ob der ihm könnte das erklär’n.
Der Arzt ergreift gereizt das Wort
und will partout den Mann belehr’n.

„Die Wissenschaft, die fand heraus
nach vielen Tests“, so sagte er,
„dass die Gesundheit, lieber Mann,
für jedermann das Beste wär’.“

Der Patient, der gibt nicht auf,
eine Begründung will er hör’n,
der Arzt ist fast verzweifelt schon
ob aller Fragen dieses Herrn. –

Der Arzt setzt zum Finale an,
er sagt, und seine Stimme bebt:
„Je öfter man Geburtstag hat,
man sicherlich auch länger lebt!“

17. Feb. 2024

DREI DRAUFGABEN

Das Gilgamesch-Epos

Gilgamesch, ein König der Sumerer,
ein Drittel Mensch, zwei Drittel Gott,
herrscht streng über die Stadt Uruk,
er ist ein grausamer Despot.

Die Schöpfergöttin Aruru
erschafft daraufhin einen Mann,
der Gilgamesch besiegen kann;
Enkidu, Steppenmensch, tritt an.

Es kommt zum Kampfe vor dem Tempel,
ein Unentschieden wurd's sodann;
die beiden Gegner werden Freunde,
bestehen Abenteuer dann.

Huwawa, Ungeheuer, schlugen sie,
sie war'n die größten Helden dort
bei ihrer Rückkehr nach Uruk,
und alle ehrten sie sofort.

Ischtar, die Liebesgöttin, hat
die Liebe Gilgamesch erklärt,
er aber wies sie brüsk zurück,
sie hatte Dumuzi entehrt.

Verbittert schickt daraufhin sie
den Himmelsstier nach Uruk hin,
Enkidu und auch Gilgamesch,
die Helden, sie erschlagen ihn.

Und auf Geheiß der Götter hat
dann Ischtar Enkidu verflucht,
und qualvoll starb er dann schwer krank;
sie rächte sich mit ganzer Wucht.

Dasselbe Los droht Gilgamesch,
drum macht er auf die Suche sich;
Unsterblichkeit war dann sein Ziel,
wollt' ewig leben sicherlich.

Auf abenteuerlichem Weg
gelangte zu 'nem Fährmann er,
Wasser des Todes querte man,
zu Utnapischtim ging's daher;

der war ein Vorfahr' Gilgameschs
und jener riet ihm zu 'nem Schlaf
sechs Tage, sieben Nächte lang,
er würde dann zu 'nem Seraph.

Unsterblichkeit war ihm gewiss,
wenn er sich an den Ratschlag hält;
doch Gilgamesch, er hielt nicht durch
und stürzt' sich in die Meereswelt.

Dort gibt's 'ne Pflanze, die macht jung,
erzählte ihm Utnapischtim;
er findet in der Tiefe sie,
und Jugend war gewiss nun ihm.

Er will die Pflanze für die Heimat,
doch eine Schlange raubte sie,
verzweifelt ging's zurück nach Uruk;
er wußt', Unsterblichkeit gibt's nie.

Die Sehnsucht danach, die ist nichtig,
das ist dem Gilgamesch nun klar,
zwei Drittel Gott, ein Drittel Mensch
war er, wie es schon immer war.

Enkidu ist bereits gestorben,
die Unterwelt, sie hielt ihn fest,
doch dann kommt Enki, Herr der Erde,
der Enkidu entweichen lässt.

Des Halbgottes Unsterblichkeit
verliert durch menschlich' Freundschaft er,
den Unterschied von Mensch zu Halbgott
gibt's darauf schließlich nimmermehr.

Das EPOS, das beschreibt dadurch
den Übergang vom Mythos dann
hin zur Geschichte aller Zeit,
wird immer sein, wie es begann.

Entdeckt wurd's in Kleinasien,
Zwölf Tontafeln in Keilschrift sind
gefunden in der Gegenwart
in 'nem verzweigten Labyrinth.

Das Leitmotiv des Epos ist
die Suche nach Unsterblichkeit,
das Schicksal aber zu versteh'n,
ist ein Ding der Unmöglichkeit.

Die mythischen Vorstellungen
der Region sind nachweisbar
im Alten Testament der Bibel;
hab'n Gültigkeit bis heut' sogar!

21. Feb. 2024

Die Kreuzzüge

Im Mittelalter gab es Kriege
zwischen Muslimen und den Christen,
römisch-katholisch war'n die Ritter,
die Fahnen mit dem Kreuze hissten.

Auf Schiffe und auch Rüstungen
hatten sie Kreuze groß gemalt,
deswegen nannte man die Kämpfer
Kreuzritter, Kreuzfahrer alsbald.

Jerusalem, die Stadt war heilig
den Moslems und den Christen gleich,
und weil die Moslems es beherrschten
griffen die Christen an sogleich.

Die heil'ge Stadt wollt' man erobern,
denn Moslems mordeten dort sehr,
die Christen mussten drunter leiden,
drum schritt man nun zur Gegenwehr.

Die Muslime dort zu vertreiben,
der Papst rief schließlich dazu auf,
das heil'ge Land nun zu befreien.
Das Schicksal nahm nun seinen Lauf.

Denn viele Christen aus Europa
machten sich auf ins heil'ge Land,
Jerusalem schnell zu erobern,
und bald hatt' man die Oberhand.

Manche von ihnen glaubten wirklich,
dass Gott den Kreuzzug hielt für gut,
man half ja damit and'ren Christen,
stürzt' sich hinein mit Todesmut.

Weil viele Kreuzritter sehr arm war'n,
da töteten und raubten sie,
sie hofften dadurch reich zu werden,
man zwang die Moslems in die Knie.

Und zudem glaubten sie, zu kommen
dann in den Himmel dort hinauf,
wenn sie bei schweren Kämpfen stürben,
war'n überzeugt davon vollauf.

Im Ersten Kreuzzug, da gelang es,
Jerusalem dann zu befrei'n,
die Könige war'n aus Europa,
sie konnten Mut ihnen verleih'n.

Und viele weitere Gebiete
kamen am Ende noch hinzu, – –
im Jahr 1291
gewannen Moslems dann im Nu.

Diese eroberten schließlich die Festung
von Akkon umgehend für sich,
und damit endeten Kreuzzüge
für immer und unausweichlich. –

Wichtigster Anführer der Christen
war König Richard Löwenherz,
und Saladin, Sultan des Gegners,
war der Moslems Herr des Schwerts.
Es waren fünf Millionen Menschen,
die damals kamen kämpfend um.
Kreuzfahrer zogen danach heimwärts,
Muslime badeten im Ruhm. –

Viele Jahrhunderte dann später,
da lebten Juden, Christen dort,
und auch Muslime war‘n zugegen
an diesem allen heil‘gen Ort!

06. März 2024

Die Spinne

Nach einer gleichnamigen phantastischen Horrorgeschichte von Hanns Heinz Ewers (1908).
Im Mittelpunkt steht eine dämonische Verführerin, welche Männer in den Suizid durch Erhängen treibt. Ewers schildert die Entwicklung einer gefährlichen Beziehung zwischen ihr und einem Studenten, der sie über einen Zeitraum von drei Wochen von seinem Fenster aus beobachtet.

Im Zimmer des Hotels Paris
erhängen sich zunächst zwei Männer,
für Suizid gab's kein Motiv,
sie war'n Studenten, keine Penner.

Man fand sie aufgeknüpft am Fenster,
ihr Strick war die Gardinenschnur. –
Ein Polizist, der danach einzieht,
er findet auch dort keine Spur.

Und eine ganze Woche später
verstarb auch dieser Polizist
auf ganz genau dieselbe Weise
wie die Studenten auch zur Frist.

Ein Mediziner zog dann ein
mit Wissen auch der Polizei,
er führte Tagebuch darüber,
wollt' wissen, ob das Zufall sei.

Zunächst nichts ungewöhnlich war,
bis eine unheimliche Frau
ihm auffällt hinter einem Vorhang
im gegenüberlieg'nem Bau.

Es schien, als arbeite sie dauernd
an einem Spinnrad Tag für Tag,
die Finger wie Insektenbeine
bewegten sich so wie sie's mag.

In den darauffolgenden Tagen
kreisten Gedanken nur um sie,
und es entwickelt sich im Geiste
eine Beziehung dann, compris?

Es nimmt ihn schrittweise gefangen,
und beide kommen auf ein Spiel,
bei dem Bewegungen des and'ren
sie nachahmten genauso viel.

Und Einfälle uns'res Studenten
sie augenblicklich imitiert
als wären geistig sie verbunden,
auf eine Art dämonisiert.

So zog's ihn immer hin zum Fenster
und er erkennt völlig ergrimmt,
dass nicht er ihre, nein, sie seine
Bewegungen hätte bestimmt.

Obwohl er die Gefahren ahnte,
kann niemals er beenden sie.
Er konnt' dem Einfluss nicht entkommen,
es wurd' bei ihm zu 'ner Manie.

In köstlicher Angst liebt' er sie,
er konnt' sich einfach nicht befrei'n,
unheimlich war der Bann, der festhielt
ihn – resignierend lenkt er ein.

Genießt's Gefühl des Unterliegens
und diese wundervolle Lust,
besiegt zu werden, sich hingeben
in ihren Willen ganz bewusst.

Sie nimmt ab die Gardinenschnur,
er sieht, wie sie 'ne Schlinge macht.
Wollüst'gen Zwang in Grausamkeit,
's war beiderseits 'ne süße Schlacht.

Und sie befestigt diese Schnur
am Fenster, und er ahnt schon was.
Er wollt' entrinnen dem Befehl,
doch leider viel zu spät war das.

Er schreibt noch seinen Namen dann
ins Tagebuch am Ende hin,
nur, um den nächsten Gast zu warnen,
dies' Zimmer ja nicht zu bezieh'n. –

Am Fensterkreuz erhängt auffand
der Kommissar den armen Mann. –
Zwischen den Zähnen hat befunden
sich groß-zerbiss'ne Spinne dann.

Das Tagebuch liest der Beamte
und untersucht die Wohnung, die
gleich gegenüber lag von dieser.
Gewohnt hat dort ja sicher nie
ein Mensch, so stellt er fest sogleich.
Es war ein düst'res Schattenreich!!!

19. Jän. 2024